La evolución de los
trajes espaciales

Danica Kassebaum

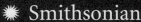

✳ Smithsonian

Autora contribuyente

Heather Schultz, M.A.

Asesoras

Cathleen Lewis
Curadora de museo, Historia espacial
Directora, División de Historia Espacial
National Air and Space Museum

Tamieka Grizzle, Ed.D.
Instructora de laboratorio de CTIM
de K-5
Escuela primaria Harmony Leland

Stephanie Anastasopoulos, M.Ed.
TOSA, STREAM Integration
Solana Beach School District

Créditos de publicación

Rachelle Cracchiolo, M.S.Ed., *Editora*
Diana Kenney, M.A.Ed., NBCT, *Realizadora de la serie*
Véronique Bos, *Directora creativa*
Caroline Gasca, M.S.Ed., *Gerenta general de contenido*
Smithsonian Science Education Center

Créditos de imágenes: portada, pág.1, pág.7 (inferior), pág.18 (inferior) © Smithsonian; pág.5 De Rocker/Alamy; pág.6 Everett Historical/Shutterstock; pág.7 (superior) SZ Photo/ Scherl/Bridgeman Images; págs.8–9, pág.10 (izquierda), pág.11 (todas), pág.12 (todas), págs.13–15, pág.17 (centro), pág.18 (centro izquierda y derecha), págs.19–21 (todas), pág.22, pág.23 (todas), pág.24 (derecha), pág.25, pág.27 (inferior), pág.31 NASA; pág.10 (derecha) RIA Novosti/Science Source; pág.16 (izquierda) Joseph Sohm/Shutterstock; pág.16 (inferior) NASA/Science Source; pág.17 (inferior) Steve Jurvetson; pág.24 (izquierda) Jim Olive/Polaris/Newscom; todas las demás imágenes cortesía de iStock y/o Shutterstock.

Library of Congress Cataloging-in-Publication Data

Names: Kassebaum, Danica, author.
Title: La evolución de los trajes espaciales / Danica Kassebaum.
Other titles: Evolution of space suits. Spanish
Description: Huntington Beach, CA : Teacher Created Materials, [2022] |
  Includes index. | Audience: Grades 4-6 | Summary: "If you were traveling
  to space, what would you wear? Luckily, some of the best engineers have
  figured that out for astronauts. They have the best gear to help them do
  their jobs in space and return home safely. Find out how space suits
  have changed over time and what they might look like in the future"--
  Provided by publisher.
Identifiers: LCCN 2021044234 (print) | LCCN 2021044235 (ebook) | ISBN
  9781087643731 (paperback) | ISBN 9781087644202 (epub)
Subjects: LCSH: Space suits--Design and construction--Juvenile literature.
  | Life support systems (Space environment)--Juvenile literature. |
  Aerospace engineering--Juvenile literature. | Manned space
  flight--History--Juvenile literature.
Classification: LCC TL1550 .K3718 2022 (print) | LCC TL1550 (ebook) | DDC
  629.45/84--dc23
LC record available at https://lccn.loc.gov/2021044234
LC ebook record available at https://lccn.loc.gov/2021044235

Smithsonian

Teacher Created Materials

5301 Oceanus Drive
Huntington Beach, CA 92649-1030
www.tcmpub.com
ISBN 978-1-0876-4373-1
© 2022 Teacher Created Materials, Inc.

Contenido

De traje.. 4

El proyecto Mercury [1958–1963]...................... 8

El proyecto Gemini [1961–1966]...................... 12

El proyecto Apolo [1961–1975]..........................16

El programa de transbordadores
    espaciales [1972–2011] 20

Mirar hacia el futuro.. 24

Desafío de CTIAM.. 28

Glosario... 30

Índice 31

Consejos profesionales..................................... 32

De traje

Imagina que sales al aire libre el día más frío del año. ¿Qué te pondrías? Casi seguro, te pondrías algo para protegerte del viento y el frío helados. Ahora, imagina que sales el día más caluroso del año. ¿Te pondrías lo mismo? Por supuesto que no. En la Tierra, usamos ropa distinta según el tiempo que haga.

¿Y si estuvieras en el espacio? En el espacio las condiciones son mucho más extremas que en la Tierra. Los seres humanos no durarían mucho en el espacio sin ropa protectora. Por eso, los ingenieros desarrollaron trajes especialmente para los astronautas.

Se han hecho muchos trajes espaciales distintos a lo largo de los años. Estaban diseñados para ayudar a los astronautas a hacer su trabajo en el espacio. Esos trajes tienen diferentes características que ayudan a los astronautas a hacer distintas cosas. Pero la función principal de todos los trajes espaciales es la misma: proteger a la persona que está dentro.

La temperatura más fría registrada en la Tierra fue –89 grados Celsius (–128 grados Fahrenheit). La temperatura en el espacio profundo es –271 °C (–455 °F).

Este traje fue usado
por la primera persona
que viajó al espacio.

Construir un traje

En los primeros días de la investigación espacial, se sabía muy poco sobre cómo era estar entre las estrellas. La mayoría de las cosas se aprendieron por experiencia. Los primeros pilotos sabían que el aire se volvía más frío a mayor altura. Los trajes de vuelo evitaban que los pilotos tuvieran frío. Al principio, los pilotos solo usaban chaquetas abrigadas. Cuando los aviones empezaron a volar más alto, los pilotos descubrieron que les costaba respirar. Eso se debía a que el aire es menos denso a mayor **altitud**. Hay menos oxígeno para respirar.

Más adelante, los trajes de vuelo se convirtieron en trajes especiales de una sola pieza con máscara. La máscara les daba oxígeno a los pilotos, mientras que el traje ejercía presión sobre el cuerpo para imitar la presión que se siente en tierra firme. El primer traje espacial se inspiró en esos trajes de presión.

Los trajes espaciales actuales son el resultado de años de investigación. Pero no siempre fueron tan avanzados. Los científicos y los ingenieros tuvieron que trabajar mucho para crear los trajes espaciales que se usan hoy.

La pilota Amelia Earhart vestida con un traje de vuelo.

Earhart lleva una chaqueta pesada y protección para la cabeza.

Los primeros pilotos usaban globos aerostáticos para hacer experimentos a gran altura. En esa época, los globos podían volar mucho más alto que los aviones.

antiguo traje de presión que se usaba para conducir aviones

El proyecto Mercury (1958–1963)

El primer programa espacial de EE. UU. fue el proyecto Mercury. Su meta era enviar a una persona al espacio, hacerla orbitar alrededor de la Tierra y traerla de vuelta a salvo. En ese entonces, la Unión Soviética tenía sus propios planes para enviar un hombre al espacio. Cada país quería lograrlo antes que el otro. Esa competencia se llamó "carrera espacial".

El proyecto Mercury comenzó en la Fuerza Aérea de EE. UU. Pero en poco tiempo se mudó a la Administración Nacional de Aeronáutica y el Espacio (NASA). El programa se centraba en estudiar el espacio y competir con la Unión Soviética. Los soviéticos ya habían enviado un satélite al espacio. La NASA debía trabajar a toda prisa para no quedarse atrás.

Los científicos de la NASA sabían que debían construir un traje con el que una persona pudiera sobrevivir en el espacio. No sabían bien qué tipo de traje espacial necesitarían. Nadie había viajado tan lejos de la Tierra. El traje debía funcionar como un traje de presión. Pero había que hacerle algunos cambios.

La carrera espacial comenzó en 1958, cuando los soviéticos lanzaron su primer satélite, el Sputnik 1.

astronautas del proyecto Mercury en 1959

El Centro de Investigación Langley de la NASA, en Virginia (arriba), fue la sede principal del proyecto Mercury hasta que las operaciones se trasladaron a Texas.

El primer traje espacial era de **nailon** y neopreno, que es un tipo de caucho y es el mismo material que se usa en los trajes de buceo. Tenía un **revestimiento** de aluminio que le daba un aspecto brillante y plateado. Ese revestimiento ayudaba a mantener el calor dentro del traje. El traje plateado se hizo popular. En las películas sobre viajes espaciales, los actores usaban trajes plateados. Eso ayudó a que también se popularizaran los viajes espaciales.

Los astronautas del proyecto Mercury fueron al espacio, pero no salieron de la nave en los viajes. Sus trajes solo estaban preparados para ir al espacio y volver. Como la nave estaba presurizada, los trajes no se presurizaban durante el vuelo. Solo necesitaban estar presurizados si la nave tenía un problema. Si los astronautas iban a salir de la nave, necesitarían un traje mejor.

El proyecto Mercury fue un éxito. Pero los soviéticos fueron los primeros en enviar un hombre a la órbita terrestre. Ese hombre se llamaba Yuri Gagarin. Unos 10 meses después, la NASA puso en órbita a John Glenn.

John Glenn

Yuri Gagarin

El vuelo de Glenn duró 4 horas, 55 minutos y 23 segundos.

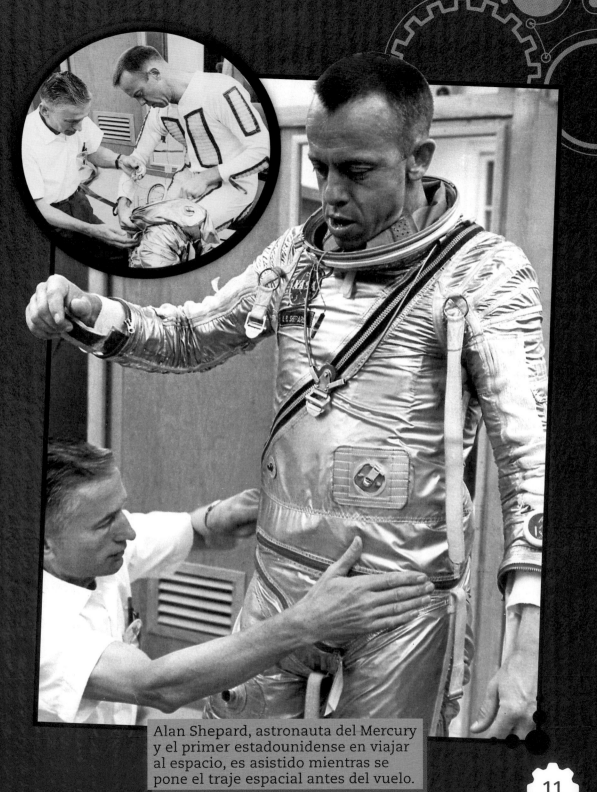

Alan Shepard, astronauta del Mercury y el primer estadounidense en viajar al espacio, es asistido mientras se pone el traje espacial antes del vuelo.

El proyecto Gemini (1961–1966)

En 1961, la NASA comenzó dos nuevos proyectos espaciales. Se llamaban Gemini y Apolo. El proyecto Gemini inició una nueva etapa en los viajes espaciales. Tenía varias metas.

Primero, los científicos querían saber cómo hacer para que un astronauta pudiera estar en el espacio más de unas horas. La meta era que los astronautas permanecieran en el espacio dos semanas. Después, los científicos querían ver si dos naves podían unirse en el espacio. La tercera meta requeriría un traje espacial completamente nuevo. Los científicos querían que un astronauta saliera de la nave en el espacio.

El Apolo 4 se lanzó en 1967.

Ed White

Se enviaron al espacio 12 vuelos en total durante el proyecto Gemini. Los dos primeros fueron vuelos no tripulados. En el cuarto vuelo, Ed White fue el primer estadounidense que caminó en el espacio. De nuevo, los soviéticos habían ganado. Habían completado la misma **maniobra** tres meses antes. Pero la NASA realizó tres **caminatas espaciales** más antes de que los soviéticos pudieran hacer la segunda. La carrera espacial continuaba.

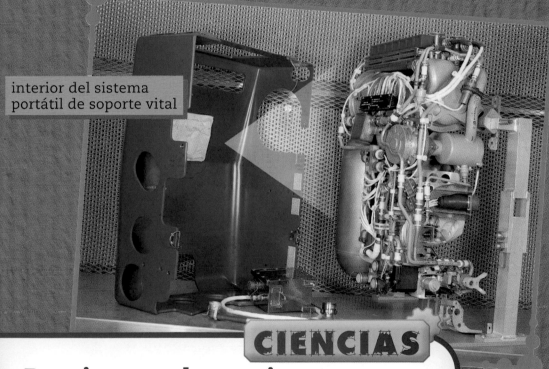

interior del sistema portátil de soporte vital

CIENCIAS

Respirar en el espacio

Cuando los seres humanos respiran, inhalan oxígeno y exhalan dióxido de carbono. En el espacio no hay oxígeno. Por eso, los científicos crearon una mochila especial y la llenaron con oxígeno. Dentro hay un ventilador que hace circular el oxígeno a través del traje espacial. También elimina del traje el dióxido de carbono. De ese modo, los astronautas pudieron respirar en el espacio. El sistema se llamó sistema **portátil** de **soporte vital**.

El traje de la misión Gemini tenía que funcionar dentro de la nave. Pero también tenía que funcionar afuera. Los científicos de la NASA modificaron el traje. Agregaron un cable que salía del traje. El cable estaba conectado a un sistema de soporte vital en la nave. Permitía a los astronautas salir de la nave sin correr peligro. Esos trajes espaciales eran más avanzados que los trajes del proyecto Mercury. También ofrecían más amplitud de movimiento.

Ed White flota en el espacio.

El traje del proyecto Gemini tenía seis capas diferentes de nailon. Con estos trajes nuevos, los astronautas podían permanecer hasta una hora fuera de la nave. La caminata espacial del astronauta Ed White duró 23 minutos.

En el último vuelo del Gemini, el astronauta Edwin "Buzz" Aldrin hizo tres caminatas espaciales. ¡Estuvo en el espacio más de cinco horas! Fue un gran avance para la carrera espacial.

Una persona le ajusta el traje a Eugene Cernan, astronauta del Gemini.

MATEMÁTICAS

Pruébalo

Los trajes espaciales tienen diferentes partes que luego se unen. A los astronautas les toman las medidas para asegurarse de que todas las partes del traje tengan el tamaño correcto. Les miden la cabeza, la posición de las rodillas y los codos, la longitud de los brazos y muchas otras cosas más. Esos números tienen que ser exactos para que el traje tenga un calce perfecto. Si el traje no tiene un calce perfecto, el astronauta no estará protegido.

El proyecto Apolo (1961–1975)

El Apolo 1 iba a ser el primer vuelo tripulado de la nave espacial Apolo. Pero un trágico incendio se cobró la vida de tres hombres a bordo durante la prueba final antes del despegue.

El Apolo 1 le enseñó una lección a la NASA. Los científicos debían estar seguros de que los astronautas no correrían peligro. La seguridad era más importante que la velocidad. Pasaron casi dos años hasta que otra tripulación fue enviada al espacio. Durante ese tiempo, la NASA envió al espacio tres naves no tripuladas. Luego, en 1968, los astronautas del Apolo lo lograron. Estuvieron 11 días en el espacio. Ese y otros vuelos llevaron a la NASA a encarar el mayor desafío hasta el momento: enviar un hombre a la Luna.

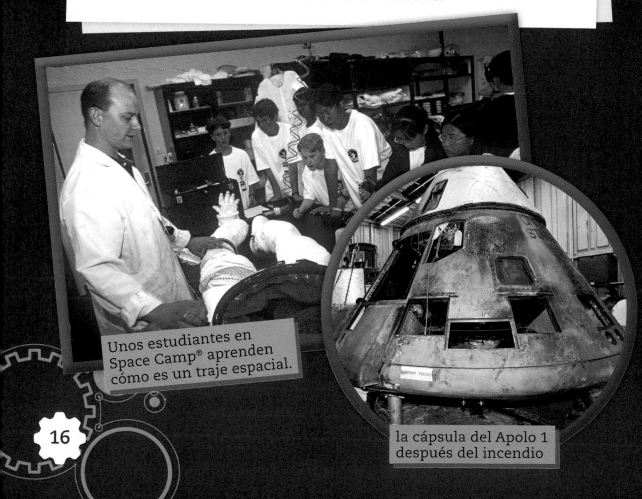

Unos estudiantes en Space Camp® aprenden cómo es un traje espacial.

la cápsula del Apolo 1 después del incendio

El 20 de julio de 1969, el Apolo 11 hizo historia. Aterrizó en la Luna. Neil Armstrong y Buzz Aldrin bajaron de la nave y fueron los primeros en caminar sobre la superficie lunar. ¡Los estadounidenses les habían ganado a los soviéticos!

El proyecto Apolo no terminó allí. Se planearon otros seis viajes a la Luna. Solo uno falló. El Apolo 13 debió **abortar** su misión antes de tiempo y solo pudo volar alrededor de la Luna.

Aldrin camina en la Luna.

Armstrong usó este guante cuando caminó en la Luna por primera vez.

INGENIERÍA

Aprender de los errores

Es importante que la NASA aprenda de sus errores. Después del incendio del Apolo 1, los científicos supieron que necesitaban un material mejor para los objetos del interior de la nave. Necesitaban algo que soportara altas temperaturas. Una empresa fabricó una tela nueva para los trajes espaciales. El material no se derretía. Era resistente incluso al calor directo. Estaba hecho con fibras fuertes. Hoy en día, lo usan los bomberos y los soldados.

Los astronautas de Apolo fueron los primeros en caminar sobre la Luna. Debían agacharse y moverse. Pensaban recoger rocas allí. Los ingenieros hicieron botas especiales que cubrían el calzado de los astronautas. Estaban diseñadas para proteger los pies de las rocas filosas y las temperaturas extremas de la superficie lunar. Hasta tenían una capa extra de seguridad.

Para poder caminar en la Luna, los astronautas necesitaban un equipamiento especial. Los ingenieros crearon un sistema portátil de soporte vital. Con él, los astronautas podían salir de la nave. Cada uno de esos trajes pesaba 127 kilogramos (280 libras) en la Tierra, y un astronauta tardaba hasta 45 minutos en ponérselo.

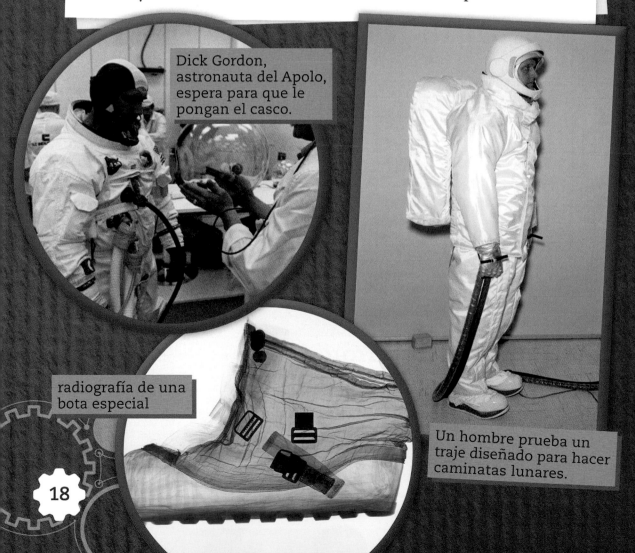

Dick Gordon, astronauta del Apolo, espera para que le pongan el casco.

radiografía de una bota especial

Un hombre prueba un traje diseñado para hacer caminatas lunares.

Como los pesados trajes estaban sellados, el calor del cuerpo no podía escapar por ningún lado. Los ingenieros crearon una prenda de tres capas. Había muchos tubos conectados con un tanque de agua. Por la tela circulaba agua fría. Eso evitaba que los astronautas transpiraran. También impedía que se empañara el casco. Se llamó sistema de refrigeración por líquido.

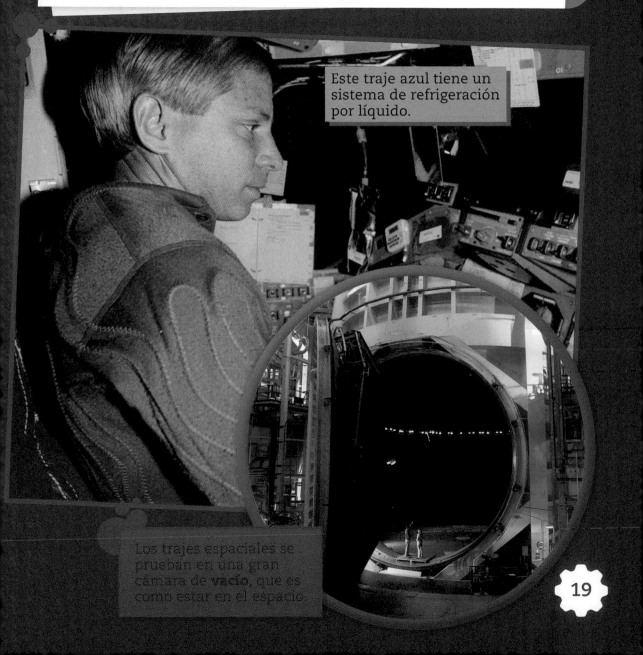

Este traje azul tiene un sistema de refrigeración por líquido.

Los trajes espaciales se prueban en una gran cámara de **vacío**, que es como estar en el espacio.

19

El programa de transbordadores espaciales (1972-2011)

En 1975, la carrera espacial llegó a su fin. La NASA envió al espacio una nave Apolo que se unió a una nave soviética. Allí, en el espacio, un astronauta estadounidense y un **cosmonauta** soviético se dieron la mano. Los rivales iban a trabajar juntos.

Poco antes, la NASA había comenzado un nuevo programa. Querían construir una nave que pudiera volver a usarse. Hasta entonces, las naves aterrizaban en el agua al regresar. Solo podían usarse una vez. Una nave que pudiera usarse una y otra vez bajaría mucho el costo de los viajes espaciales. Esa nueva nave recibió el nombre de transbordador espacial.

El primer transbordador espacial despegó en 1981. En los siguientes 30 años, hubo 135 vuelos en transbordador espacial. Una de las tareas más importantes de esos astronautas era construir una estación espacial. La construcción de la Estación Espacial Internacional (EEI) llevó más de mil horas. Tuvieron que hacerse muchos cambios en los trajes espaciales para garantizar la protección de los astronautas.

Un guante se pone a prueba en una cámara de vacío.

El transbordador espacial Discovery envió astronautas para construir la EEI en 1984.

Un astronauta prueba nuevas herramientas en un desierto de la Tierra.

Un astronauta prueba el sistema SAFER.

Una mochila voladora

Los ingenieros hicieron otro aparato, una pequeña mochila a chorro. Tenía **propulsores** de nitrógeno, que podían impulsar a un astronauta en el espacio. Su nombre era SAFER, por sus siglas en inglés, y solo podía usarse poco tiempo. Era para emergencias. Si un astronauta quedaba separado del transbordador, podía usar su mochila SAFER para regresar. SAFER no era una tecnología típica. Se construyó con la esperanza de que nunca tuviera que usarse.

Los científicos han logrado mejorar los trajes espaciales. Los trajes actuales tienen dos piezas. La parte de arriba está hecha con un material duro. Allí están las partes eléctricas, el sistema de refrigeración y el soporte vital. También tiene un casco similar al de las misiones Apolo. La parte inferior del traje es más flexible. Las partes blandas se vuelven firmes cuando se inflan con oxígeno a presión. Hay 11 capas de material cosidas y pegadas. Estos trajes están compuestos por diferentes partes que se unen para formar un único traje.

Aunque los trajes son seguros, no son muy flexibles. Los astronautas deben poder moverse con esos trajes como lo hacen con la ropa normal. Ese es el mayor problema que los científicos intentan resolver. ¿Cómo pueden crear un traje más flexible que al mismo tiempo proteja a la persona que lo lleva puesto?

La astronauta Sandra Magnus se pone un traje de práctica para entrenar antes de ayudar a construir la EEI.

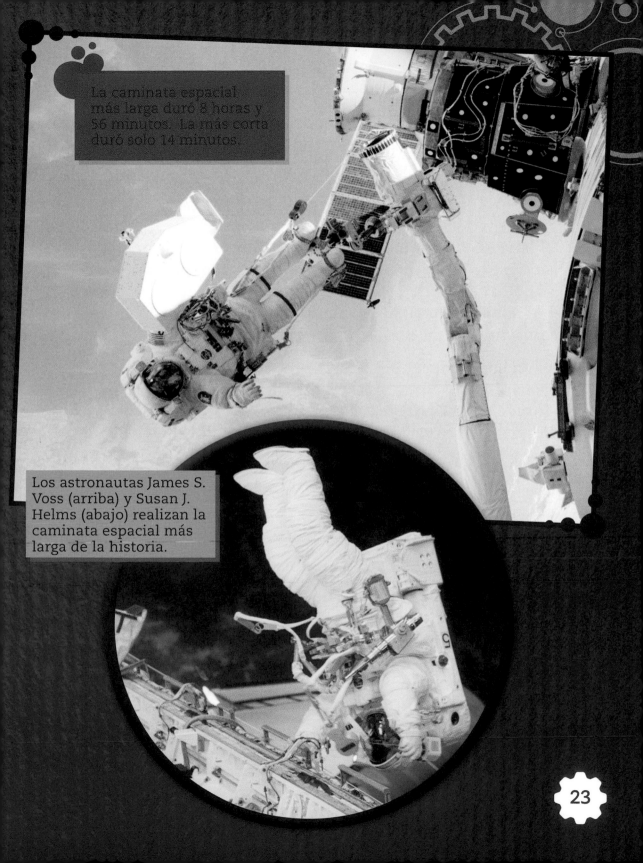

La caminata espacial más larga duró 8 horas y 56 minutos. La más corta duró solo 14 minutos.

Los astronautas James S. Voss (arriba) y Susan J. Helms (abajo) realizan la caminata espacial más larga de la historia.

Mirar hacia el futuro

El programa de transbordadores espaciales de EE. UU. ya terminó, pero la NASA aún tiene grandes planes para el futuro. Muchos de esos planes tienen previsto enviar astronautas más lejos que nunca. Una de las metas de la NASA es enviar una tripulación a Marte.

Esas misiones requerirán más cambios en los trajes espaciales. Los astronautas tendrán que pasar aún más tiempo en el espacio. Muchos científicos han diseñado trajes que, en su opinión, servirían para los viajes espaciales futuros. Algunos tienen una cubierta exterior dura. Otros son blandos y flexibles. Cada diseño tiene sus fortalezas y sus debilidades.

Uno de los diseños de la NASA se llama Z-2. Es mucho más liviano y **duradero** que los trajes actuales. Otro de los trajes se llama PXS. Su diseño incluye partes que se pueden fabricar con una impresora 3D. Así, los astronautas pueden hacer partes para el traje cuando las necesiten, en lugar de llevar piezas de repuesto.

El traje BioSuit del MIT tiene un diseño blando y flexible.

traje PXS

24

traje Z-2

ARTE

Concurso de moda

Para hacer los trajes Z-2, la NASA decidió intentar algo nuevo. Organizó un concurso. Convocó a estudiantes de diseño de moda para crear la capa exterior del traje. Los estudiantes también tenían que pensar en las partes técnicas. Luego, el público votó por su traje favorito. El diseño ganador es gris con parches rojos. Esos parches emiten luz. De ese modo, la NASA puede monitorear más fácilmente a los astronautas cuando están fuera del transbordador.

Los astronautas han logrado hacer muchas cosas en el espacio. Han realizado caminatas espaciales. Han caminado en la Luna. Han aprendido mucho sobre nuestro sistema solar. Todas esas cosas no habrían sido posibles sin los trajes espaciales.

Gracias a los ingenieros, las personas pueden viajar al espacio y volver sanas y salvas. Ellos han ayudado a hacer realidad lo imposible. Los trajes espaciales han recorrido un largo camino. Entre aquellos primeros trajes que se usaron en el programa Mercury y los últimos trajes que la NASA ha puesto a prueba, ha habido grandes mejoras.

Algún día, tal vez haya una estación espacial en la órbita de Marte.

Si bien el aspecto y la función de los trajes espaciales han evolucionado con el tiempo, la razón de su existencia siempre ha sido la misma. Se diseñan para proteger a quienes los usan. Ayudan a las personas a ir al espacio y volver a salvo. Más allá de su aspecto, la seguridad siempre será lo más importante.

La NASA espera poder enviar astronautas a Marte.

Ponerse y quitarse el traje espacial es una tarea difícil. Es bueno tener ayuda.

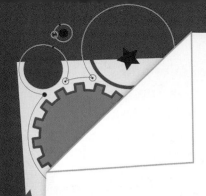

DESAFÍO DE CTIAM

Define el problema

La NASA continuamente mejora los trajes espaciales para que los astronautas estén protegidos del polvo y la basura espaciales. Tu tarea es diseñar una capa protectora para un traje espacial. La capa debe proteger a un "astronauta" (representado por un objeto como un malvavisco, un globo inflado, una papa o algo similar) del "polvo y la basura espaciales" (representados por piedras, grava, clavos u objetos similares).

Limitaciones: La capa protectora debe tener cinco materiales como máximo.

Criterios: La capa protectora no debe romperse cuando le caiga encima $\frac{1}{2}$ litro (unas 2 tazas) de desechos. La capa puede sufrir pinchaduras, pero el astronauta no debe sufrir daños.

Investiga y piensa ideas

¿Cómo han cambiado con el tiempo los trajes espaciales para proteger a los astronautas? ¿Qué materiales son mejores para proteger al astronauta de la basura espacial? ¿Qué otros factores deberían considerarse para diseñar la capa protectora?

Diseña y construye

Bosqueja tu diseño e incluye las medidas de cada parte de tu capa protectora. Construye el modelo.

Prueba y mejora

Coloca la capa protectora sobre el astronauta. Arroja diferentes tipos de polvo y basura espaciales sobre la capa protectora. ¿Resistió bien la capa? ¿Los desechos llegaron hasta el astronauta? Modifica tu diseño y vuelve a intentarlo.

Reflexiona y comparte

Recuerda que el polvo y la basura espaciales viajan a gran velocidad. Sabiendo eso, ¿cómo podrías hacer para que tu prueba fuera más realista? ¿Otros tipos de materiales darían resultados diferentes? Explica qué tipos de materiales podrían servir para mejorar tu capa protectora.

Glosario

abortar: interrumpir algo antes de que se complete porque hay problemas o es peligroso

altitud: la altura sobre el nivel del mar

amplitud: extensión o distancia del movimiento

caminatas espaciales: actividades realizadas por los astronautas fuera de las naves espaciales

cosmonauta: un astronauta soviético o ruso

duradero: que dura mucho tiempo

maniobra: una acción o un movimiento realizados por un especialista

nailon: un material fuerte que se utiliza en la fabricación de telas y plásticos

portátil: que se puede transportar con facilidad

propulsores: motores que impulsan una nave hacia delante o hacia arriba al descargar chorros de fluidos o corrientes de partículas

revestimiento: cubierta externa, cobertura

soporte vital: el equipamiento o los materiales necesarios para mantener viva a una persona en lugares donde la vida generalmente no es posible

vacío: un espacio sin nada, en el que no hay aire ni otros gases

Índice

Aldrin, Edwin "Buzz," 15, 17

Armstrong, Neil, 17

carrera espacial, 8, 13, 15, 20

Discovery, 20

Earhart, Amelia, 6–7

Gagarin, Yuri, 10

Glenn, John, 10

Helms, Susan J., 23

Magnus, Sandra, 22

programa de transbordadores espaciales, 20, 24

proyecto Apolo, 12, 16–18, 20, 22

proyecto Gemini, 12–15

proyecto Mercury, 8–11, 14, 26

SAFER, 21

Shepard, Alan, 11

Sputnik 1, satélite, 8

Tierra, 4, 8, 18, 21

traje BioSuit del MIT, 24

traje PXS, 24

traje Z-2, 24–25

Unión Soviética, 8

Voss, James S., 23

White, Ed, 12–15

¿Quieres diseñar trajes espaciales?
Estos son algunos consejos para empezar.

"Para diseñar trajes espaciales, debes aprender sobre ingeniería y fisiología. La fisiología es una ciencia que estudia las funciones normales de los seres vivos y sus partes. En este caso, el cuerpo humano". —*Amy Stamm, especialista en relaciones públicas*

"Imagina el futuro de los viajes espaciales. Los trajes espaciales que sirven en la Luna tal vez no sirvan en otros planetas. Aprende sobre la atmósfera de esos planetas y diseña un traje espacial que funcione en esas condiciones. Asegúrate de que sea funcional y seguro para los astronautas". —*Dra. Cathleen Lewis, curadora de museo*